Der Beginn vieler

NEUER ABENTEUER!

DIESES BUCH GEHÖRT

FAMILIE:

....

Wohin diese Reise führt:

Was euch hier erwartet, sind spannende Abenteuer. Erlebnisse, an die ihr euch ein Leben lang erinnern werdet! Im durchgeplanten Familienalltag vergessen wir häufig, uns Zeit für einander zu nehmen. Wir lachen zu selten gemeinsam, nehmen vieles für selbstverständlich und sind zwischen wiederkehrenden Terminen und gesellschaftlichen Anforderungen gefangen. Deshalb ist es umso wichtiger, sich bewusst Zeit als Familie zu gönnen, gemeinsam etwas zu unternehmen, kleine und große Abenteuer zu erleben! Unsere Kindheit formt unseren Charakter und die Person, die wir im Leben sein werden.
Nutzt diese Chance, um euren Kindern Liebe und Geborgenheit mit auf den Weg zugeben. Lehrt sie, diese Welt mit allen Sinnen zu genießen und schenkt ihnen einen Ort in ihrer Erinnerung, an den sie jederzeit zurückkehren können, wenn sie einmal selbst die große Reise ins Erwachsenenleben beginnen.
Ihr werdet in den kommenden Aufgaben neue Dinge erforschen, von Herzen lachen und auch mal gemeinsam schweigen, wenn ihr den anderen zuhört und lernt, was sie berührt. Ihr werdet als Familie spielerische Wettbewerbe austragen, mehr Verständnis für einander aufbringen und gemeinsam unvergessliche Erinnerungen schaffen. Macht es euch zum Ritual, diese gemeinsamen Erinnerungen zu sammeln. Auf euch warten viele spannende Abenteuer, die euch für immer begleiten werden!

Es geht los! Die Regeln:

1 Das Zauberwort heißt Achtsamkeit. Bleibt bewusst im Moment und zelebriert eure Familienzeit ohne Ablenkungen von außen. Vergesst für einen Moment die multimediale Welt um euch herum. Hier und jetzt zählt nur ihr und euer Abenteuer. Smartphone und Termindruck haben Sendepause. Jedes Familienmitglied zählt und darf sich in der Planung der einzelnen Aktivitäten mit einbringen. Achtet immer darauf, dass für alle Alltagsgruppen günstige Bedingungen geschaffen werden und niemand ausgeschlossen wird. Die Aufgaben sind als Anregung zu betrachten und können selbstverständlich an eure individuelle Situation angepasst werden.

2 Keine Rückzieher! Sucht euch spielerisch eines der Abenteuer aus. Es spielt keine Rolle, ob ihr der vorgegebenen Reihenfolge des Buches folgt oder nach Gefühl vorgeht. Was zählt, ist, dass ihr an eurem Entschluss festhaltet und das Abenteuer von Anfang bis Ende genießt. Kein Zurück.

3 Macht eure Reise unvergesslich! Haltet eure Erlebnisse fest, indem ihr bestimmte Gegenstände aus eurem Abenteuer sammelt und in dieses Buch klebt. Ihr könntet außerdem ein Erinnerungsfoto von einem ganz be-

sonderen Moment schießen. Schließlich verseht ihr beides mit treffenden Kommentaren, die euch auch im turbulenten Alltag immer wieder an eure gemeinsamen Erlebnisse erinnern werden. Schon haltet ihr ein Buch voller Eindrücke und Inspirationen in den Händen, das euch auch noch nach Jahren ein Lächeln ins Gesicht zaubern wird.

4 Zeigt anderen, was ihr erlebt habt! Ladet die Fotos von euren tollsten Augenblicken gerne auf Instagram hoch und erzählt in ein paar Sätzen von eurer Reise. So könnt ihr auch andere inspirieren, die eigene Familie wertzuschätzen und die kostbare gemeinsame Zeit voll auszuschöpfen.
Die beliebteste, von uns entdeckte Geschichte, erhält eine Überraschung. Um an diesem Gewinnspiel teilzunehmen, markiert uns einfach in eurem Beitrag mit @reichenbacher-verlag. Viel Spaß beim Erleben und Entdecken!

1. NASE ZU UND DURCH

Wer fängt die goldene Weintraube?

Heute entscheidet sich der Streit ums abendliche Lieblingsessen auf unkonventionelle Art und Weise. Wer sich ordentlich ins Zeug leg und ein wenig Geschicklichkeit beweist, ist für diesmal der »Bestimmer«.

Füllt einen Eimer mit Wasser und diversen Früchten oder Gemüsearten. Jeder Frucht oder jedem Gemüse werden Punkte zugeteilt, z. B. Karotten 10 Punkte, Traube 2 Punkte. Jeder hat 60 Sekunden Zeit nur mit seinem Mund so viele Punkte wie möglich aus dem Eimer zu fischen. Der Gewinner entscheidet, was es zum Abendessen gibt!

HALTE HIER DEINE ERINNERUNGEN FEST. KLEBE FOTOS UND KARTEN REIN UND SCHREIBE AUF, WAS IHR GEMEINSAM ERLEBT HABT.

2. MÖGE DER BESTE GEWINNEN!

Findet raus,
was in euch steckt

Zwischen Geschwistern herrscht immer mehr oder weniger Rivalität. Warum nicht diese Energien nutzen, um ein paar echte Rekorde zu feiern?

Sucht euch im Internet 3–4 Guiness World Records heraus, bei denen ihr denkt, sie wären realistisch zu schlagen. Danach tretet ihr gegeneinander an und erstellt eure eigene Family World Records Tabelle.

HALTE HIER DEINE ERINNERUNGEN FEST. KLEBE FOTOS UND KARTEN REIN UND SCHREIBE AUF, WAS IHR GEMEINSAM ERLEBT HABT.

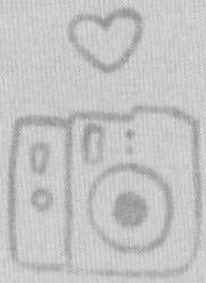

3. OLYMPIA AM ENTENTEICH

Ein Wettbewerb für Familien
und alle, die dazu gehören.

Zum Ende jeder Ferienperiode stellt sich eine gewisse Langeweile ein. Alle Brettspiele sind gespielt, jeder Winkel des Hallenbades wurde erkundet und die besten Freunde sind leider noch im Urlaub. Warum nicht selbst ein wenig für Aktivität sorgen?

Geht gemeinsam in einen Park oder zu einem Spielplatz und überlegt euch 5 Disziplinen (z. B. Sprint oder Basketballkörbe treffen) in denen ihr gegeneinander antretet. Der Erstplatzierte in jeder Disziplin erhält 3 Punkte, der Zweitplatzierte 2 Punkte und der Drittplatzierte 1 Punkt.

Im Anschluss feiert ihr die Sieger mit einer gebührenden Siegerehrung. Ein echtes Siegertreppchen für Erst-, Zweit- und Drittplatzierte darf natürlich nicht fehlen.

HALTE HIER DEINE ERINNERUNGEN FEST. KLEBE FOTOS UND KARTEN REIN UND SCHREIBE AUF, WAS IHR GEMEINSAM ERLEBT HABT.

4. GLITZER IM GESICHT

Karneval im Wohnzimmer

Zusammen einfach mal Quatsch machen – nicht nur für Kinder das Allergrößte.

Geht für die heutige Aufgabe in einen Kostüm-Shop, oder schaut in Omas Kleiderschrank. Jeder sucht sich dort jeweils ein Verkleidungs-Utensil aus. Schlüpft direkt rein in die Klamotten und macht ein lustiges Familien-Fotoshooting.

Über die entstehenden Bilder werdet ihr noch lange gemeinsam lachen.

HALTE HIER DEINE ERINNERUNGEN FEST. KLEBE FOTOS UND KARTEN REIN UND SCHREIBE AUF, WAS IHR GEMEINSAM ERLEBT HABT.

5. WENN DU DA WÄRST

... eine Botschaft wider dem Vergessen

Wir können nicht immer alle am selben Ort sein und dennoch ist es schön, einen Weg zu finden, auch entfernte Familienmitglieder im Herzen präsent zu halten.

Zu diesem Anlass schreibt heute jeder von euch 2 Namen nicht anwesender oder entfernt lebender Familienmitglieder auf einen kleinen Zettel. Gebt alle Zettel in eine Schüssel. Im Losverfahren wählt nun jeder eine Zielperson für die folgende Aufgabe.

Unterstützt euch gegenseitig dabei, der gezogenen Person eine Videobotschaft zu übermitteln. Bringt in wenigen Worten auf den Punkt, was ihr an der Person besonders mögt oder warum ihr sie so sehr vermisst.

HALTE HIER DEINE ERINNERUNGEN FEST. KLEBE FOTOS UND KARTEN REIN UND SCHREIBE AUF, WAS IHR GEMEINSAM ERLEBT HABT.

6. WRITE IT OUT LOUD

Ein ganz besonderer Brief

Manchmal ist es schwer, die richtigen Worte zu finden, um einander zu sagen, was man sich bedeutet. Die folgende Aufgabe soll es euch ein klein wenig leichter machen.

Teilt euch via Losverfahren jeweils einen Namen der anwesenden Familienmitglieder zu. Verratet jedoch nicht, wen ihr gezogen habt.

Verteilt euch auf unterschiedliche Räume und verfasst einen Brief an diese Person. Erwähnt alles, was ihr schon immer sagen wolltet. Was schätzt ihr am meisten an der Person? Was macht diesen Menschen so besonders? Schreibt alles auf, was euch in diesem Moment durch den Kopf geht. Kleinere Kinder können gerne für die entsprechende Person ein Bild malen.

Tauscht die Briefe aus und lest sie gemeinsam laut vor. Ihr werdet überrascht sein, wie viel die anderen in euch sehen.

HALTE HIER DEINE ERINNERUNGEN FEST. KLEBE FOTOS UND KARTEN REIN UND SCHREIBE AUF, WAS IHR GEMEINSAM ERLEBT HABT.

7. MAFIA LA FAMILIA

Das Kochduell

Von düster bis heiter: Es lebe die Familie und mit ihr das beliebteste Gangstergenre überhaupt: der Mafia-Film.

Kauft 4 kleine Pizzen zum Selbstbelegen und lasst derweil in eurer Küche italienische Mafia Musik ertönen. Jeder kreiert seine eigene Pizza, mit egal welchem Belag. Je kreativer und außergewöhnlicher, desto besser. Wenn die Pizzen gebacken sind, schneidet ihr jede in so viele Stücke wie Personen anwesend sind.

Nachdem ihr alle eure Kreationen probiert habt, bewertet ihr sie auf einer Skala von 1 bis 10. Die Person mit den meisten Punkten hat gewonnen und darf den Film für den heutigen Abend aussuchen!

HALTE HIER DEINE ERINNERUNGEN
FEST. KLEBE FOTOS UND KARTEN
REIN UND SCHREIBE AUF, WAS IHR
GEMEINSAM ERLEBT HABT.

8. DAS LEBEN IST KURZ

… zu kurz für einschränkende Routinen

Jeden Tag dieselben leidigen Themen. Warum muss Socke A immer zu Socke B passen? Wer hat festgelegt, dass alle Menschen gern morgens arbeiten und warum, um alles in der Welt, gibt es Nutella nur zum Frühstück? Ja, warum eigentlich?

Do it your way! Heut findet Mama keine fadenscheinigen Erklärungen, denn heute läuft es eben anders. Wir proben Rebellentum für Anfänger: Esst Frühstück zum Abendessen!

Bereitet euch zum Abendessen all die tollen, süßen und duftigen Dinge zu, die ihr sonst nur sonntags auf dem Frühstückstisch findet. Ei, Bacon, Brötchen, Pfannkuchen, Croissants oder extra viel Nutella.

Damit es noch ein wenig außergewöhnlicher wird, benutzt ihr beim Kochen megabunte Lebensmittel-Farben. Erschafft ein Regenbogen-Frühstück, das jedes Einhorn vor Stolz erblassen lässt!

HALTE HIER DEINE ERINNERUNGEN FEST. KLEBE FOTOS UND KARTEN REIN UND SCHREIBE AUF, WAS IHR GEMEINSAM ERLEBT HABT.

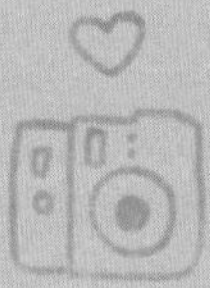

9. BACKE, BACKE KUCHEN

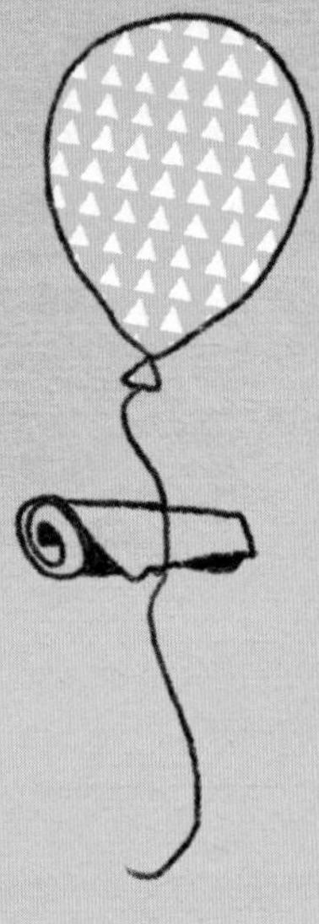

… im Dunkeln musst du suchen

Bei jeder Familienaktion findet sich diese eine Person, die generalstabsmäßig den Feldwebel raushängen lässt und Befehle verteilt. Und wisst ihr was? Das ist auch gut so und bisweilen ein echt harter Job. Wählt ein Familienmitglied aus, das sonst selten in den Genuss der Bestimmer-Rolle kommt und übertragt ihm die Verantwortung für die heutige Herausforderung.

Ihr backt zusammen einen Kuchen, jedoch werden allen, außer dieser Person, die Augen mit einem Tuch verdeckt. Nur die nicht sehenden Familienmitglieder dürfen sich aktiv am Backvorgang beteiligen. Der gewählte Verantwortungsträger gibt lediglich Anweisungen und leitet die Vorgänge rein verbal aus sicherer Entfernung an.

Wird der Auserwählte euch in den süßen Genuss eines herrlich duftigen Kuchenstückes führen oder wird ihm die Schmach, ob liegen, das sichere Chaos im Anschluss zu beseitigen?

HALTE HIER DEINE ERINNERUNGEN
FEST. KLEBE FOTOS UND KARTEN
REIN UND SCHREIBE AUF, WAS IHR
GEMEINSAM ERLEBT HABT.

10. EIN KUNST-WERK FÜR DICH

... und jeder soll
es sehen

Ein starkes Team zeigt sich gern in gut durchdachten Teamtrikots. Das könnt ihr auch, und zwar in Kombi mit einer kreativ gestalteten persönlichen Botschaft.

Besorgt jedem von euch ein passendes weißes T-Shirt. Dazu Farben, die sich unkompliziert auf Stoff auftragen lassen. Lost aus, wer wem dieses persönliche Meisterwerk gestalten darf. Versucht der gezogenen Person ein lustiges und kreatives T-Shirt-Motiv zu designen.

Haltet das Ergebnis in einem Familienfoto fest und tragt eure stylischen Kreationen sofort auf einem gemeinsamen Ausflug. Ganz egal ob Essen, Bowling, Kino oder Spaziergang – ihr gehört zusammen und jeder soll es sehen.

HALTE HIER DEINE ERINNERUNGEN FEST. KLEBE FOTOS UND KARTEN REIN UND SCHREIBE AUF, WAS IHR GEMEINSAM ERLEBT HABT.

II. WE ARE THE CHAMPIONS

Mit Papierfliegern
hoch hinaus

Das Schöne am Leben mit Kindern: Häufig lässt sich mit wenig Aufwand viel erreichen. So wie mit den kleinen Kunstfliegern in der nächsten Aufgabe.

Sucht euch im Internet jeweils 3 Papierflugzeug-Anleitungen heraus. Könnt ihr die kleinen Modelle fachmännisch nachbauen?
Tretet in mehreren Runden gegeneinander an.
Wer fliegt am weitesten?
Welcher Pilot erzeugt die coolsten Tricks im Tiefflug Richtung Zimmerpflanze?
Welcher Flieger schafft die Strecke bis zum Gartenzaun und darüber hinaus?

Der Contest endet mit einer extravaganten Siegerehrung für den neuen Papierflugzeug-Champion.

HALTE HIER DEINE ERINNERUNGEN FEST. KLEBE FOTOS UND KARTEN REIN UND SCHREIBE AUF, WAS IHR GEMEINSAM ERLEBT HABT.

12. UNERWARTETE EREIGNISSE

… und dann vergaß der Hamster die Hausaufgaben zu fressen

Eigentlich sind sie doch ganz witzig, diese ganzen kleinen Geschichten, die wir im Alltag so erzählen, um dem Groll der Anderen zu entgehen. Es erfordert durchaus etwas Talent, immer mal wieder die Wahrheit in schön zu verkaufen. Eltern kennen das. Setzt diese gut gepflegte Begabung bewusst ein, um eine gemeinsame Geschichte zu erfinden.

Nehmt mit dem Handy oder einer Kamera ein Video auf. Die erste Person fängt an und erfindet eine Geschichte. Nach 10 Sekunden setzt die zweite Person die Geschichte fort. Nachdem jeder dreimal dran war, muss die vorher festgelegte letzte Person ein stimmiges Ende erfinden.

Viel Spaß beim Anhören eurer Superstory!

HALTE HIER DEINE ERINNERUNGEN
FEST. KLEBE FOTOS UND KARTEN
REIN UND SCHREIBE AUF, WAS IHR
GEMEINSAM ERLEBT HABT.

13. WANDER-WICHTELN

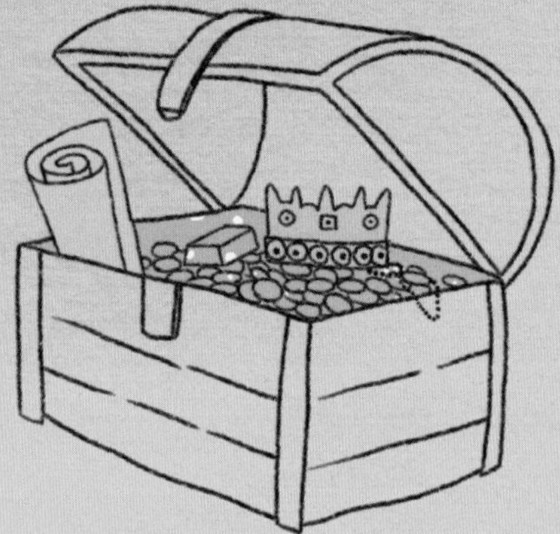

Was der Nachbar zu verschenken hat

Jeder Haushalt hat diese Kästen und Schubfächer voller Kram, das niemandem gehört und eigentlich auch niemand braucht. Es sammelt sich klammheimlich und entfaltet in seiner Gesamtheit spätestens beim nächsten Umzug ungeahnte Ausmaße. Heute habt ihr mit diesem Nippes ein wenig Spaß.

Jeder sucht sich einen dieser »Schätze«, dann zieht ihr los und beginnt mit euren Nachbarn ein nettes Tauschspiel. Garantiert besitzt der benachbarte Haushalt ebensolche Gegenstände und ihr kommt sofort ins Geschäft. Das Ganze treibt ihr noch etwas auf die Spitze, indem ihr das Spiel mit den jeweils erhaltenen Gegenständen an 10 bis 15 weiteren Türen wiederholt. Wer hat am Ende den coolsten Gegenstand ergattert?

HALTE HIER DEINE ERINNERUNGEN FEST. KLEBE FOTOS UND KARTEN REIN UND SCHREIBE AUF, WAS IHR GEMEINSAM ERLEBT HABT.

14. KÄNGURU-ZEIT

Besucht einen
Jump Park

Gibt es in eurer Stadt oder in einer nahegelegenen Großstadt schon einen Jump Park? Diese Trampolinparks sind wie Hüpfburgen für Erwachsene (und Kinder) gestaltet.

Ihr könnt euch voll auslassen, jedes Familienmitglied wird eine altersentsprechende Hüpfgelegenheit finden. Selbst wenn ihr keine kleinen Kinder mehr dabei habt, müsst ihr euch keine faulen Ausreden einfallen lassen, um mitmachen zu können.

Ein weiterer Vorteil: Es gibt ähnliche Attraktionen wie auf Indoor-Spielplätzen, die Großen finden jedoch auch selbst aktive Beschäftigungen und sind nicht genötigt, stundenlang Kaffee schlürfend zuzuschauen. Eine attraktive Aktivität für die ganze Familie!

HALTE HIER DEINE ERINNERUNGEN FEST. KLEBE FOTOS UND KARTEN REIN UND SCHREIBE AUF, WAS IHR GEMEINSAM ERLEBT HABT.

15. EINE REISE DURCH DIE ZEIT

Wo sind wir in
5 Jahren?

Familien sind spannende Systeme. Unüberschaubar viele Einzelkomponenten entscheiden darüber, wie das Leben der einzelnen Mitglieder sich in gegenseitiger Abhängigkeit entwickelt. Dabei kommt es häufig anders, als gedacht. Wo seht ihr euch in 5 Jahren?

Erstellt gemeinsam eine Zeitkapsel, die ihr vergrabt und in 5 Jahren wieder öffnet. Schreibt jeweils einen Brief an euer zukünftiges Ich. Nehmt außerdem ein Video zusammen auf, in dem Ihr über eure Wünsche, Träume und wie ihr euch voraussichtliche zukünftige Ereignisse vorstellt, redet. Es wird unglaublich spannend in 5 Jahren diese Zeitkapsel zu öffnen und eure persönlichen Briefe und das gemeinsame Video anzuschauen. Ist alles so gekommen, wie ihr es erwartet oder euch gewünscht habt? Oder sogar besser?

HALTE HIER DEINE ERINNERUNGEN
FEST. KLEBE FOTOS UND KARTEN
REIN UND SCHREIBE AUF, WAS IHR
GEMEINSAM ERLEBT HABT.

16. LANGWEILIG? VON WEGEN!

Tanzt den Alltagstrott
im Disco-Cover

Schon wieder dasselbe! Manchmal können einem die täglichen Pflichten schon enorm anöden. Lustig wird es, wenn man diese Dinge dann kreativ anpackt. Versucht das heute mal beim Zähneputzen.

Balanciert einen Papp- oder Plastikbecher mit Wasser auf dem Kopf. Versucht nichts zu verschütten, während ihr mindestens zwei Minuten lang die Zähne putzt.

HALTE HIER DEINE ERINNERUNGEN FEST. KLEBE FOTOS UND KARTEN REIN UND SCHREIBE AUF, WAS IHR GEMEINSAM ERLEBT HABT.

17. MOMENTE IN ACRYL

Ein besonderes »Porträt« erschaffen

Um zu sagen: »Das sind wir!«, kann ein gemeinsames Foto gemacht werden. Nachhaltiger und spannender ist es aber, ein gemeinsames Kunstwerk zu erschaffen.

Organisiert euch einen möglichst großen Maluntergrund. Er darf durchaus die Größe der Tischplatte erreichen.
Dazu ein paar schöne Acrylfarben. Die wählt ihr spontan oder stimmt sie entsprechend eurer ästhetischen Ansprüche aufeinander ab.

Eure Aufgabe ist es, ein großes, gemeinsames Gemälde zu gestalten. Daran arbeitet ihr alle zugleich. Entweder arbeitet ihr tatsächlich zeitgleich oder, wer es etwas geordneter mag, reihum ein Element nach dem anderen.

Schaut, ob ihr gelten lassen könnt, was die anderen tun. Das entstandene Bild ist ein sehr individuelles Abbild eures gemeinsamen Erlebens. Vor allem die Art, wie ihr dieses Kunstwerk gemeinsam entstehen lasst, erzählt euch mehr über euch und das, was ihr gemeinsam seid, als es ein Foto jemals könnte.

HALTE HIER DEINE ERINNERUNGEN FEST. KLEBE FOTOS UND KARTEN REIN UND SCHREIBE AUF, WAS IHR GEMEINSAM ERLEBT HABT.

18. LUFTBALLON-WÜNSCHE

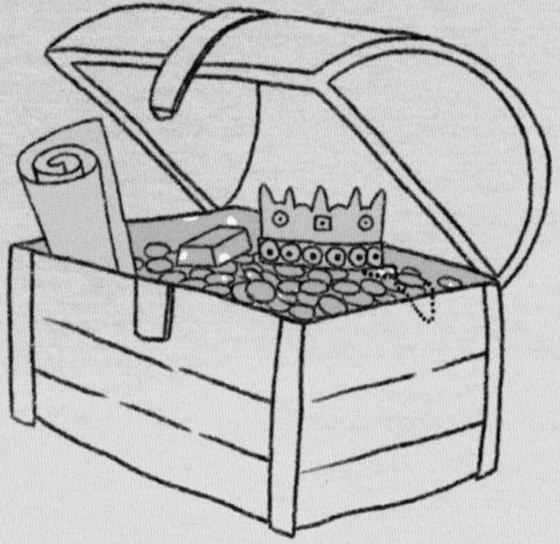

Ein Weg, Altes gehen
zu lassen und Hoffnungen
Raum zu geben

Gibt es etwas, was ihr euch alle gemeinsam erhofft? Oder jemanden, von dem ihr euch verabschieden möchtet?
Dann nutzt die Gelegenheit, eine entsprechende Botschaft zu formulieren. Ihr könnt dabei ein gemeinsames Thema wählen oder individuelle Anliegen formulieren.

Schreibt eure Hoffnungen und Wünsche auf kleine Kärtchen. Sprecht offen und direkt darüber, warum ihr euch gerade für diese Botschaft entschieden habt und macht ein feierliches kleines Event daraus, eure Nachrichten an einen Luftballon gebunden in die Ferne zu entlassen.

Dieses Ritual eignet sich immer dann, wenn es gilt, die gemeinsamen Gefühle auszuloten und aufeinander abzustimmen. Es kann für Abschiede (den Tod des Zwergkaninchens) oder gemeinsame Neuanfänge (den Hausbau) sehr nützlich sein. Die Einstellungen der anderen Familienmitglieder zu kennen, verschafft eine gemeinsame Basis und motiviert.

HALTE HIER DEINE ERINNERUNGEN
FEST. KLEBE FOTOS UND KARTEN
REIN UND SCHREIBE AUF, WAS IHR
GEMEINSAM ERLEBT HABT.

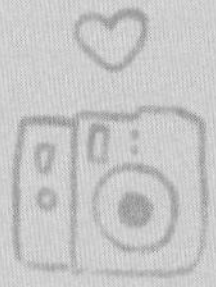

19. Einlochen und Sieger bleiben

… Minigolf
mit Mehrwert

Was passiert, wenn alle freihaben und endlich »was gemeinsam machen« wollen? Richtig: Es gibt Streit darüber, was gemacht wird. Entscheidet diesen Punkt sportlich. Legt für den Anfang eine Partie Mini-Golf fest.

Dabei entsteht nicht nur ein lustiger Familien-Wettkampf, ihr verbringt auch als Familie einen schönen Tag miteinander.
Der Gewinner darf schließlich für den Rest des Tages entscheiden, was ihr gemeinsam unternehmt. Welches Essen wird gegessen, spielt ihr abends zusammen Brettspiele, Fußball, Basketball oder schaut ihr zusammen den Lieblingsfilm des frisch ernannten Mini Golf-Champions?

HALTE HIER DEINE ERINNERUNGEN FEST. KLEBE FOTOS UND KARTEN REIN UND SCHREIBE AUF, WAS IHR GEMEINSAM ERLEBT HABT.

20. GESUND MACHT SPAß

Warum gesunde Ernährung
nicht langweilig sein muss

Wenn es um ausgewogene Ernährung geht, schwirren uns unweigerlich Bilder von staubigem Müsli und reizlosen Salatblättern vor Augen. Dass es so nicht sein muss, lässt sich mit einfachen Mitteln spielerisch verdeutlichen.

Ein gesundes Wettessen zu veranstalten, hat gleich mehrere Vorteile. Es macht Spaß, ist definitiv eine Abwechslung und zudem ganz einfach durchführbar. Ihr könnt einzeln, gegeneinander oder aber in Teams angetreten und damit sogar eine ausgewogene Ernährung bewerkstelligen.

Geeignete Lebensmittel sind mundgerechte Stücke von Äpfeln, Gurken, Karotten, Tomaten, Weintrauben, Mandarinen oder Beeren. Jeder bekommt die gleiche Menge.
Nun entscheidet ihr euch für eine Variante. Entweder, es wird eine Zeit vorgegeben und gewertet, wie viel in beispielsweise fünf oder acht Minuten gegessen wurde. Oder ihr lasst eine Stoppuhr laufen und schaut, wer am schnellsten Essen kann.

Wer gewinnt, darf das Abendessen aussuchen. Salat wird es nach dieser Challenge vermutlich nicht mehr werden.

HALTE HIER DEINE ERINNERUNGEN
FEST. KLEBE FOTOS UND KARTEN
REIN UND SCHREIBE AUF, WAS IHR
GEMEINSAM ERLEBT HABT.

21. PÜNKTCHEN, PÜNKTCHEN, KOMMA, STRICH

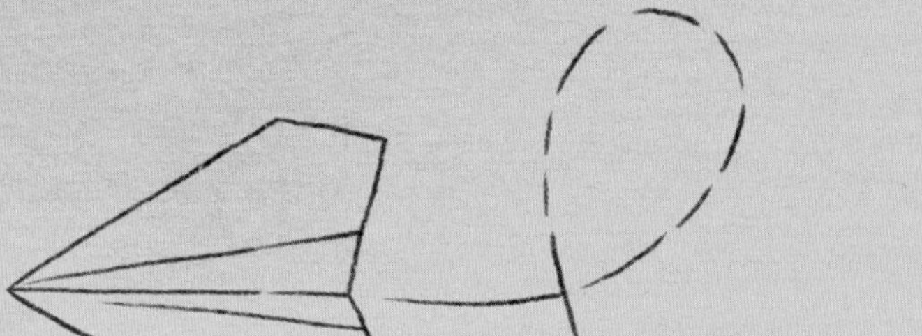

… was du dachtest,
mal ich nich‘

Es ist immer wieder spannend zusehen, welch unterschiedliche Ergebnisse Mitglieder desselben Haushalts unter annähernd denselben Bedingungen fabrizieren. Dieselbe Backmischung kann entweder ein Festmahl oder ein vollkommenes Desaster ergeben. Die heutige Aufgabe verdeutlicht diese Vorgänge ganz wunderbar.

Jeder von euch nimmt sich ein weißes Blatt Papier und ein paar Buntstifte. Ihr fangt nun an, 2 Minuten an eurem Bild zu malen. Es ist völlig egal, was ihr malt. Mit Ablauf dieser Zeit gebt ihr die Blätter an die Person rechts neben euch weiter und setzt das von links erhaltene Bild fort. Ihr könnt das Bild ergänzen oder etwas völlig Verrücktest dazu malen, mit dem die anderen Personen gar nicht rechnen.

Diese Vorgänge wiederholt ihr über 2 Runden hinweg, bis ihr wieder euer Anfangsbild vor euch liegen habt. Konntet ihr es auf Anhieb wiedererkennen? Findet einen schönen Platz, um eure Gemälde ein paar Tage lang für alle sichtbar auszustellen und diese lustige Familienaktion entsprechend zu würdigen.

HALTE HIER DEINE ERINNERUNGEN FEST. KLEBE FOTOS UND KARTEN REIN UND SCHREIBE AUF, WAS IHR GEMEINSAM ERLEBT HABT.

22. KEIN MOMENT KOMMT WIEDER

… spannend bleibt
es dennoch

Durch wiederholte Reisen oder Ausflüge versuchen wir dann und wann, die glücklichen Stunden der Vergangenheit zu wiederholen. Freude empfindet dabei nur, wer akzeptieren kann, dass sich Dagewesenes nicht wiederholen wird. Gelingt dies jedoch, entstehen immer wieder neue fröhliche Erinnerungen. Eine solche soll die heutige Aufgabe erschaffen.

Bei dieser Challenge können alle Generationen mitmachen. Es geht darum, ein altes Foto heraussuchen und dieses möglichst originalgetreu nachzustellen. Das kann ein Foto der Großeltern oder der Eltern, aber auch ein zurückliegendes Familienfoto sein. Die Familie versucht, die passenden Kleidungsstücke und Requisiten zusammenzusuchen, sodass wirklich jedes Detail nachgestellt werden kann.

Besonders lustig ist es, wenn ein Elternteil ein Baby in den Armen hält, das Baby aber heute schon groß ist. Umgedreht ist das Ganze auch möglich. Die älteren Familienmitglieder stellen Fotos der Jüngeren nach. Am Ende halten alle eine schöne und lustige Erinnerung in den Händen, die eine alte Geschichte völlig neu erzählt.

HALTE HIER DEINE ERINNERUNGEN FEST. KLEBE FOTOS UND KARTEN REIN UND SCHREIBE AUF, WAS IHR GEMEINSAM ERLEBT HABT.

23. WAS DU SIEHST

… und wer
du bist

Heute soll es darum gehen, sich im übergeordneten Sinne in die Weltsicht der übrigen Familienmitglieder hineinzuversetzen.

Dazu gehen die Familienmitglieder zunächst ihrer eigenen Wege. Dabei hält jeder seinen Tag in Bildern fest. Am Ende des Tages kommen alle zusammen und schauen sich die Bilder gemeinsam an. Ein medienaffines Familienmitglied kann die Bilder auch zu einem Clip zusammenschneiden.

Was haben die anderen mit derselben Zeit angestellt? Worauf haben Sie geachtet und warum? Die ganz persönlichen Einblicke in die Perspektive der Anderen, kann zu spannenden Einsichten über Personen führen, die man in und auswendig zu kennen glaubte.

HALTE HIER DEINE ERINNERUNGEN FEST. KLEBE FOTOS UND KARTEN REIN UND SCHREIBE AUF, WAS IHR GEMEINSAM ERLEBT HABT.

24. AUS-DER-PERSPEKTIVE-DER-ANDEREN-CHALLENGE

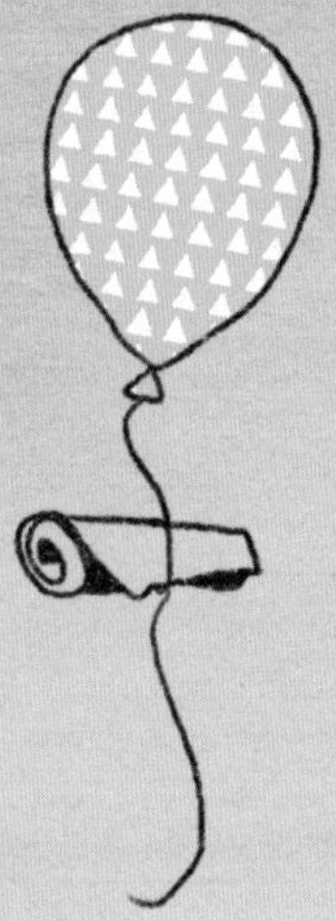

Warum gesunde Ernährung nicht langweilig sein muss

Im Alltagsstress neigen wir häufig dazu, Dinge zu bewerten, noch bevor wir sie richtig angeschaut haben. Dieses Verhalten kann sinnvoll sein, um den vielen möglichen Eindrücken einer schnelllebigen Welt zu entgehen. In Bezug auf das Familienleben erweist sich diese Form der Kompensation jedoch eher als kontraproduktiv. Wir übersehen wesentliche Bestandteile des Alltags der Menschen, die wir am meisten lieben.

Um dies vermeiden zu lernen, versucht ihr heute, etwas verständnisvoller aufeinander zuzugehen und folgt euch gegenseitig in eure Freizeitwelten.
Die Kinder suchen sich zum Beispiel eines ihrer liebsten Videospiele heraus und erklären es ihren Eltern. Sie versuchen, den Eltern näherzubringen, was so faszinierend an dem Spiel ist und was den Reiz von Videospielen ausmacht. Die Eltern lassen sich unvoreingenommen auf die Ausführungen ein und am Ende wird gemeinsam gezockt.
Schließlich kann der Spieß herumgedreht werden und die Eltern bringen ihren Kindern eine ihrer Freizeitbeschäftigungen näher.

HALTE HIER DEINE ERINNERUNGEN FEST. KLEBE FOTOS UND KARTEN REIN UND SCHREIBE AUF, WAS IHR GEMEINSAM ERLEBT HABT.

25. FILM-DINNER

Essen auf Schlagwort

Heute kann nur Essen, wer ordentlich zuhört.

Sucht einen Film aus, den ihr alle gut kennt. Teilt vor Beginn des Filmes jedem Familienmitglied ein Schlagwort zu, z. B. den Namen eines Hauptdarstellers, eine typische Redewendung oder den Namen des Handlungsortes. In die Mitte des Tisches stellt ihr je nach Tageszeit Kuchenstückchen, Snacks oder in Häppchen geschnittene belegte Brote.

Nun müssen alle gut aufpassen. Jedes Mal, wenn das eigene Schlagwort fällt, darf man sich etwas aus der Mitte nehmen. Wer seinen Einsatz verpasst, geht leer aus.

HALTE HIER DEINE ERINNERUNGEN FEST. KLEBE FOTOS UND KARTEN REIN UND SCHREIBE AUF, WAS IHR GEMEINSAM ERLEBT HABT.

26. HOL'S RAUS!

Die Auftau-Challange

Jetzt sind ein paar grundlegende naturwissenschaftliche Kenntnisse gefragt. Wer taut was wie am schnellsten auf?

Zunächst friert ihr ein paar Schätze in Wasserbomben ein. Hierfür eignen sich Schleichfiguren, Münzen, kleine Kieselsteine, aber auch Knöpfe oder Glaslinsen. Bevor ihr die gefrorenen Wasserbälle aus den Ballons befreit, legt ihr eine Reihe Karten an. Auf jede schreibt ihr eine Art, Eis zu schmelzen. (Mit dem Föhn, mit Salz, mit den Händen, durch Reibung, durch Zerkleinern ...) Jedes Familienmitglied zieht aus dem verdeckten Stapel eine dieser Karten und wählt damit seine Waffe. Das Material darf auf dem eigenen Arbeitsplatz aufgebaut werden, bevor das Eis aus dem Kühlschrank genommen wird.

Dann wird die Beute freigegeben und auf »Los!« löst jeder den Ballon vom Eisball und es wird um die Wette getaut. Wer zuerst den Schatz erreicht, gewinnt.

HALTE HIER DEINE ERINNERUNGEN FEST. KLEBE FOTOS UND KARTEN REIN UND SCHREIBE AUF, WAS IHR GEMEINSAM ERLEBT HABT.

27. EINE ENGE BINDUNG

Wie man lernt, sich aufeinander einzustellen

Manchmal ist man sich zu nah, an anderen Tagen vermisst man Eltern und Geschwister schon nach wenigen Stunden. Wie weit würdet ihr gehen, um nie mehr allein zu sein?

Heute testen wir das Extrem. Einen ganzen Nachmittag über werden immer zwei von euch mit jeweils einer Hand aneinandergebunden. Bis zu einem vereinbarten Zeitpunkt dürft ihr den Knoten nicht lösen. Versucht durch günstige Absprachen und vorausschauende Paarkombinationen allzu peinliche Situationen zu meiden und tauscht euch im Anschluss darüber aus, wie ihr die heikleren Momente gelöst habt. Ihr werdet staunen, wie kreativ ihr in dieser Situation werdet und wie genau ihr plötzlich die Gewohnheiten eures Gegenübers wahrnehmt.

HALTE HIER DEINE ERINNERUNGEN FEST. KLEBE FOTOS UND KARTEN REIN UND SCHREIBE AUF, WAS IHR GEMEINSAM ERLEBT HABT.

28. GEMEIN-SCHAFTSLEBEN

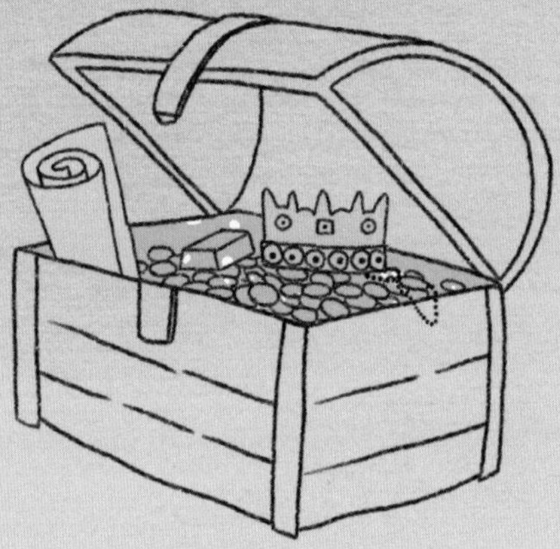

Wer wohnt eigentlich
nebenan?

Gerade in Mehrfamilienhäusern fällt es immer mehr auf. Häufige Umzüge und stressige Jobs entfremden die Menschen voneinander, sodass wir unsere eigenen Nachbarn nicht mehr erkennen. Das sollten die Kinder eigentlich anders lernen. Dafür ist es nie zu spät.

Backt gemeinsam Kekse und teilt sie auf kleine Tütchen auf. Dann schickt ihr die Kids von Tür zu Tür und lasst sie die Kekse verschenken. Besprecht die Reaktionen der beschenkten Menschen im Nachhinein. Ihr werdet staunen, wie viel so eine kleine Aktion ausmacht. Eure Kinder lernen, wie gut es sich anfühlt, anderen eine kleine Freude zu machen und mit etwas Glück auch, dass diese Geste gern erwidert wird. Ganz nebenbei lernen sie den Klingelschildern Gesichter zuzuordnen.

HALTE HIER DEINE ERINNERUNGEN FEST. KLEBE FOTOS UND KARTEN REIN UND SCHREIBE AUF, WAS IHR GEMEINSAM ERLEBT HABT.

29. ESSEN IM DUNKELN

Vertrautes
neu erleben

In der Dunkelheit erleben sich viele Menschen ziemlich hilflos. Erst jetzt merken wir, wie stark unser Sehsinn unsere Gewohnheiten prägt. Eine Mahlzeit in völliger Dunkelheit einzunehmen, zwingt uns nicht nur, die übrigen Sinne zu schärfen, es verlangt uns auch Vertrauen in die Teilnehmer dieser Mahlzeit ab.

Vertraut ihr euch? Würdet ihr euch helfen, alle Lebensmittel auf dem Tisch zu finden oder sie eher voreinander verstecken? Gibt es einen Scherzbold unter euch, dem ihr zutraut, euch eklige Scherze zu spielen? Findet es heraus. Organisiert eine Fingerfood-Mahlzeit in euch vertrauten Räumlichkeiten.

Ist der Tisch gedeckt und das Regelwerk klar definiert, löscht ihr das Licht und versucht mit Unterstützung der anderen Familienmitglieder eine Mahlzeit in völliger Dunkelheit einzunehmen.

HALTE HIER DEINE ERINNERUNGEN FEST. KLEBE FOTOS UND KARTEN REIN UND SCHREIBE AUF, WAS IHR GEMEINSAM ERLEBT HABT.

30. EINEN KRIMI ERFINDEN

Entdecke
den Fehler!

In der nächsten Aufgabe soll es darum gehen, ein fiktives Verbrechen möglichst effizient zu vertuschen. Dazu müsst ihr zwei Teams bilden und so gut wie möglich versuchen, vorherzusagen, wie sich die Anderen verhalten werden. Dies erfordert viel Empathie und ein überzeugendes Pokerface.

Das erste Team inszeniert das Resultat eines Verbrechens. Wer hat den Goldfisch gekillt? Wie wurde Mamas Ehering gestohlen und warum? Wer zerbrach das Fenster in der Abstellkammer? Haltet für das gegnerische Team alle Einzelheiten des fiktiven Verbrechens schriftlich fest. So könnt ihr nachträglich nicht des Schummelns bezichtigt werden. Legt für die anderen Spuren und falsche Fährten aus und beobachtet dann, ob und wie sie euch auf die Schliche kommen.

(Für diese Aufgabe werden weder Scheiben eingeschlagen, noch lebende Tiere gefährdet. Das Verbrechen bleibt Fiktion.)

HALTE HIER DEINE ERINNERUNGEN FEST. KLEBE FOTOS UND KARTEN REIN UND SCHREIBE AUF, WAS IHR GEMEINSAM ERLEBT HABT.

31. WENN ICH DU WÄRE, DANN WÜRDE ICH …

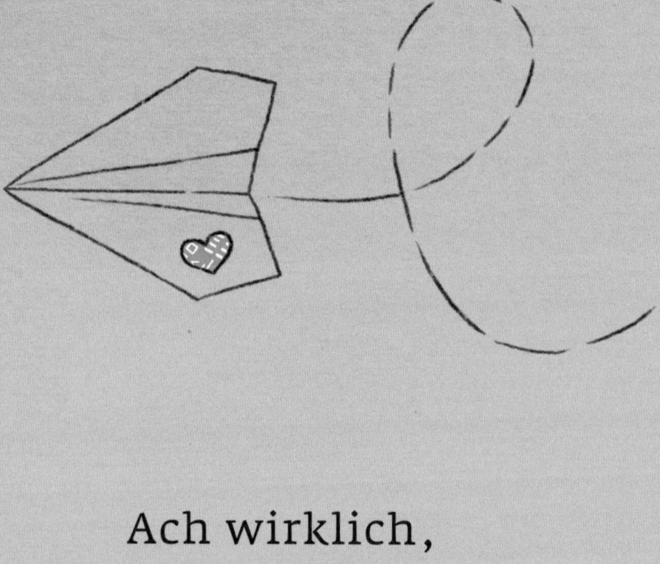

Ach wirklich,
das mach mal vor

Gerade gegenüber unseren Familienmitgliedern scheinen wir immer ganz genau zu wissen, was sie besser machen könnten und wie sie ticken. Ob das wirklich stimmt, könnt ihr in einem kleinen Experiment erproben.

Legt für dieses Spiel einen Zeitraum von 2 bis 3 Stunden fest. Es kann ein ganz normaler Vormittag oder ein kleiner Ausflug in den Tierpark sein. Vorher jedoch vergebt ihr in eurer Familie die Rollen neu. Schreibt alle Namen auf kleine Lose und teilt diese unter euch auf. Von diesem Moment an übernimmt jeder die Aufgabe der gezogenen Person. Kind 1 ist für 3 Stunden Mama, Papa übernimmt Omas Part, Kind 2 tut alle Opa-Dinge, Opa verhält sich wie Papa und Mama spielt für Kind 2 weiter. Bei einer ungeraden Anzahl Personen spielt der Hund mit (wahlweise die Katze).

HALTE HIER DEINE ERINNERUNGEN FEST. KLEBE FOTOS UND KARTEN REIN UND SCHREIBE AUF, WAS IHR GEMEINSAM ERLEBT HABT.

32. GEGENTEILTAG

Ich bin dagegen,
denn ihr seid dafür

Müssen immer alle das Gegenteil von dem machen, was von ihnen verlangt wird? Heute schon, denn heute ist Gegenteiltag.

Wie lange haltet ihr es durch, immer genau das Gegenteil von dem zu sagen, was ihr meint? Wer zuerst einen Fehler macht, also genau das tut, was er gesagt bekommt, verliert.

HALTE HIER DEINE ERINNERUNGEN FEST. KLEBE FOTOS UND KARTEN REIN UND SCHREIBE AUF, WAS IHR GEMEINSAM ERLEBT HABT.

33. NACHT-WANDERUNG

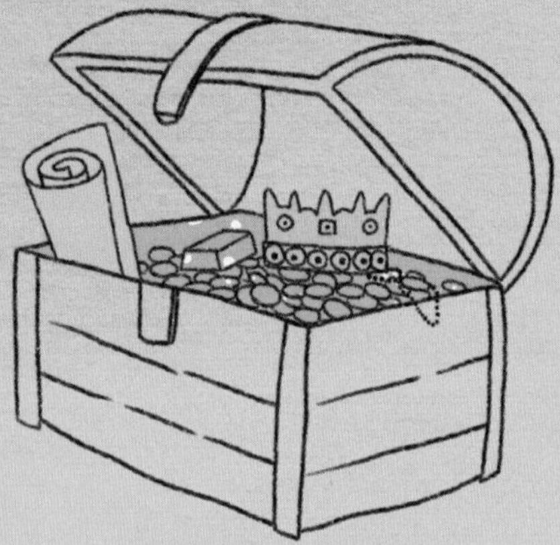

Schatzsuche mit Gruselfaktor

Der Wald bei Nacht hat immer etwas Mystisches und Aufregendes an sich. Unsere Ohren reagieren auf jedes noch so kleine Geräusch und wir achten wachsam auf jedes Huschen und Flattern.

Bereite für deine Familie ein echtes Gruselabenteuer vor. Jeder bekommt auf dem Weg zum Ziel eine genau auf seine Fähigkeiten zugeschnittene Aufgabe zugeteilt. Nur, wenn jeder seinen Teil löst, könnt ihr als Team gewinnen.

Du kannst mit Schwarzlichtkarten oder Leuchtsignalen arbeiten. Lass deine Eltern Morsezeichen entschlüsseln oder zeichne eine tastbare Schatzkarte mit Nadelstichen in ein Stück Pappe. Ganz egal, was euch auf dem Weg erwartet, du wirst den Ausflug mit zusätzlichen Gruselideen würzen.

Versuche eine Geräusch-App oder von Bäumen tropfenden Chiaschleim. Lass mit Knicklichtern Baumhöhlen leuchten oder unerwartete Fallen zuschnappen. Der Gruselfaktor wird euch gewiss diesen Abend nie vergessen lassen.

HALTE HIER DEINE ERINNERUNGEN FEST. KLEBE FOTOS UND KARTEN REIN UND SCHREIBE AUF, WAS IHR GEMEINSAM ERLEBT HABT.

34. ZAUBERSCHACH UND BUTTERBIER

Ein Abend in Hogwarts

Ihr seid inzwischen längst zu alt, um etwas vorgelesen zu bekommen? Stimmt. Dann müsst ihr selber lesen. Eure Eltern genießen derweil ein schmackhaftes Butterbier und lauschen dem knisternden grünen Kaminfeuer.

Was braucht es, für einen gemütlichen Harry Potter Leseabend? Organisiert euch so viele Requisiten, wie ihr mögt. Kocht Butterbier und Kürbissuppe und besorgt euch ein paar Schokofrösche. Stellt das Tablet vors Terrarium und lasst ein künstliches Kaminfeuer lodern. Kocht Zaubertränke, die sich als leckere alkoholfreie Cocktails entpuppen und verkleidet euch als Hexen und Zauberer. Ist alles eingerichtet, lest ihr euch im Wechsel ein Kapitel über euren Lieblingszauberlehrling vor.

Diese Idee lässt sich auch wunderbar auf andere Romanhelden übertragen.

HALTE HIER DEINE ERINNERUNGEN FEST. KLEBE FOTOS UND KARTEN REIN UND SCHREIBE AUF, WAS IHR GEMEINSAM ERLEBT HABT.

35. BACKPULVER-RAKETEN

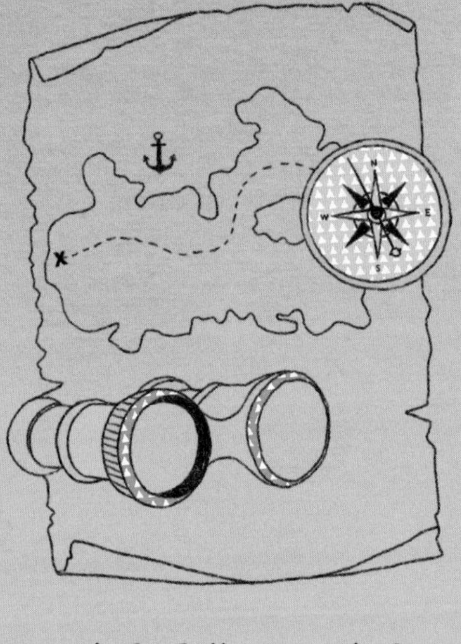

Dich könnt' ich
zum Mond schießen

Wer stets und ständig zusammenlebt, muss sich auch mal streiten dürfen. Nicht selten wünscht der ein oder andere den Rest der Familie dabei weit weg, z. B. auf den Mond. Zumindest für den Moment.

Heut sei euch der Wunsch erfüllt, denn mit ein paar kleinen Backpulverraketen treten eure Liebsten diese Reise ganz unkompliziert an. Schaut euch im Internet nach einer Bastelanleitung für Filmdosenraketen um. Es können auch andere, fest verschließbare Plastikdosen sein. Letztendlich sollten sie mit einer Spitze und drei Leitwerken versehen werden, sowie 3 Teelöffel Backpulver und einen Teelöffel Essig fassen können.

Für die eigentliche Aktion geht ihr am besten nach draußen. Jeder benötigt eine selbstgebastelte Raumkapsel. Kurz vor dem Start lost ihr aus, wer wen zum Mond schießen darf und klebt ein entsprechendes Foto auf die Rakete. Ist nun der Startplatz bestimmt, werden alle Zutaten eingefüllt. Schnell den Deckel darauf, etwas schütteln und ab die Post. Vor dem Einsammeln nennt jeder einen Grund, warum die gezogene Person wieder zurückkommen muss. »Papa, ich könnte dich auf den Mond schießen, aber das geht nicht, weil dann kann ich gar nicht mehr mit dir kuscheln.«

HALTE HIER DEINE ERINNERUNGEN
FEST. KLEBE FOTOS UND KARTEN
REIN UND SCHREIBE AUF, WAS IHR
GEMEINSAM ERLEBT HABT.

36. GEHEIMAGENTEN UNTER SICH

Wer knackt den
Superagenten-Parcours?

Agenten sind leise, schnell und unauffällig. Alles Eigenschaften, die sich Eltern für ihre großen und kleinen Kinder an Schlechtwettertagen sehnlichst wünschen. Gebt euch also einen guten Grund, diese Eigenschaften an den Tag zu legen.

Macht aus eurer Wohnung ein Agententrainingslager. Verwanzt den Flur mit geräuschempfindlichen Smartphone-Signalanlagen. Spannt ein Seil, statt einfach nur die Treppe zu benutzen. Versiegelt die Wohnzimmertür mit einem Spezialschloss. Schwingt euch über das Türreck und versucht nicht vom Laserpointer des Gegners ins Visier genommen zu werden. Spannt Fäden durchs Wohnzimmer, durch die man ohne Berührung den Power- Knopf des Fernsehers erreichen muss. Das Ziel: der neueste Actionfilm.

HALTE HIER DEINE ERINNERUNGEN FEST. KLEBE FOTOS UND KARTEN REIN UND SCHREIBE AUF, WAS IHR GEMEINSAM ERLEBT HABT.

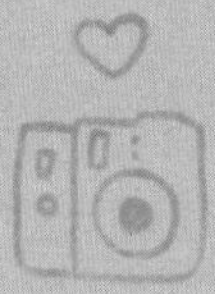

37. MIT ÖFFENTLICHEN VERKEHRSMITTELN NEUE STÄDTE ENTDECKEN

Bist du schon mal
Straßenbahn gefahren?

Viele Städte bieten Tagesticket für den öffentlichen Personennahverkehr an. Damit seid ihr den ganzen Tag unabhängig unterwegs.

Nutzt so ein Ticket, um einmal ganz ohne Plan eine neue Stadt zu entdecken. Beginnt am Hauptbahnhof und fahrt einfach dahin, wo es interessant klingt, ganz intuitiv. Genial ist so ein Experiment in Kombination mit Museumstagen, solchen also, an denen Museen freien Eintritt gewähren. Lasst euch einfach treiben und entdeckt die bunten Ecken, die kein Reiseführer beschreibt. Hier darf auch der Dreijährige spontan die nächste Station aussuchen.

HALTE HIER DEINE ERINNERUNGEN FEST. KLEBE FOTOS UND KARTEN REIN UND SCHREIBE AUF, WAS IHR GEMEINSAM ERLEBT HABT.

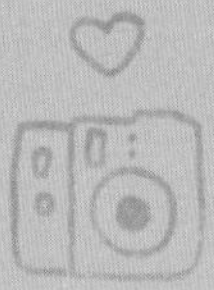

38. GEISTER-STUNDE

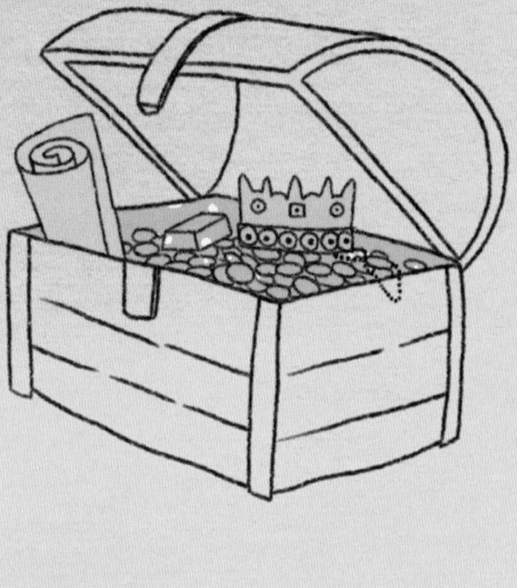

Nachts auf dem Dachboden

Alte Horrorfilme ohne viel Blut und Action sind langweilig? Alles eine Frage der Location.

Baut euch aus alten Sesseln, Matratzen und Brettern mitten auf dem Dachboden (oder im Keller) eine gruselige Fernsehecke. Schleppt zur Geisterstunde einen Laptop hier hinauf und genießt die wunderschöne Gänsehautatmosphäre, während ihr euch den alten »Friedhof der Kuscheltiere« zu Gemüte führt.

Seht aber zu, dass ihr die Filmwahl dem Alter der Familienmitglieder anpasst. Mit kleineren Kindern könnt ihr z. B. auf »Nightmare before Christmas« ausweichen.

HALTE HIER DEINE ERINNERUNGEN
FEST. KLEBE FOTOS UND KARTEN
REIN UND SCHREIBE AUF, WAS IHR
GEMEINSAM ERLEBT HABT.

39. ICH WAR HIER – WER BIN ICH?

Geisterspuren in der Nacht

UV-Stifte sind eine tolle Sache, zumal sie in der Regel direkt mit den entsprechenden Taschenlampen geliefert werden. Die Stiftspuren sind für das bloße Auge unsichtbar, nur das Licht der speziellen kleinen Leuchte lässt sie den Suchenden erkennen. Daraus lässt sich ein lustiges Familienspiel für Groß und Klein kreieren.

Bildet zwei Gruppen. Nehmt am besten noch Oma, Opa, Onkel, Tante und die Wahlverwandtschaft aus der Nachbarschaft dazu. Denkt euch für die jeweils andere Gruppe ein kleines Rätsel aus. Welche Gegenstände oder Texte führen die anderen zur Lösung? Markiert entsprechend mit den Geheimstiften Gegenstände in der ganzen Wohnung. Da man den Stift so nicht sieht, könnt ihr auch Texte an die Wände und Türen schreiben. Dann geht das Licht aus und beide Gruppen werden mit den entsprechenden Lampen ausgestattet. Wer findet die Lösung zuerst?

HALTE HIER DEINE ERINNERUNGEN FEST. KLEBE FOTOS UND KARTEN REIN UND SCHREIBE AUF, WAS IHR GEMEINSAM ERLEBT HABT.

40. STARK WIE POPEYE

Ein Kräftemessen der besonderen Art

Frisch gepresster Orangensaft zum Frühstück ist ein ganz besonderer Luxus, den wir uns schon allein deshalb so selten gönnen, weil es so mühsam ist, die Früchte einzeln auszupressen. Mit der richtigen Motivation jedoch geht es unter Umständen ganz schnell.

Drück jedem Familienmitglied eine Presse für Zitrusfrüchte in die Hand. Dazu verteilst du an jeden 5–10 saftige Orangen. Bestenfalls schneidest du diese zuvor auf.

Auf Los geht's los. Wer holt am meisten Saft aus seinem Obst? Ein Wettbewerb, der sich auf verschiedene Obstsorten übertragen lässt und gar nicht oft genug wiederholt werden kann.

HALTE HIER DEINE ERINNERUNGEN
FEST. KLEBE FOTOS UND KARTEN
REIN UND SCHREIBE AUF, WAS IHR
GEMEINSAM ERLEBT HABT.

41. BONUS

Diese Liste hat Euch gefallen und Ihr bedauert, dass sie nun zu Ende ist? Kein Problem, denn sie wird bald fortgesetzt werden.

Findet selbst weitere Aktivitäten, die Euch als Familie guttun, Eure Bindung stärken, eine Botschaft überbringen oder als Erlebnis eine schöne gemeinsame Erinnerung schaffen. Die 40 vorangehenden Erlebnisse sollten Anregung und Inspiration sein, mehr Emotion, Abenteuer und Überraschung in Euren Familienalltag zu bringen. Jeder von Euch kann sich nun weitere Abenteuer ausdenken. Entscheidet selbst, je nachdem, wozu Ihr Lust habt oder wo Ihr Bedarf seht. Dann setzt Euch zusammen, lest einander Eure Aktivitäten vor und vergleicht sie. Habt Ihr ähnliche Aufgaben notiert oder völlig verschiedene? Setzt sie um und dann findet jeder die nächsten Herausforderungen ...

Fortsetzung folgt

NOTIZEN

NOTIZEN

NOTIZEN

NOTIZEN

NOTIZEN

NOTIZEN